特定非営利活動法人　共同保存図書館・多摩
第25回多摩デポ講座（２０１６・２・27）より

書物の時間

―書店店長の想いと行動―

福嶋　聡

目次

はじめに

　みなさんこんばんは。

ジュンク堂書店難波店店長の福嶋聡と申します。たくさんお集まりいただき、ありがとうございます。

　一月一日付で、「多摩デポ」の事務局をやっている堀渡さんからお手紙をいただき、講演の依頼をいただいて、僕は二つ返事で引き受けました。理由はいろいろあります。ひとつはちょうど昨日二月二六日、ジュンク堂立川店がオープンしたことです。手伝いにくるとうるさいので、僕には全然応援の要請はないのですが、新店ができたらプライヴェートでそのお店を見に行くということをやっていまして、ちょうどいいタイミングだと思い、日程は立川店ができたころにしてほしいとお願いしました。

　もう一つは、実はもう十年以上前ですが、ポット出版の『ず・ぼん』という、年に一回くらい出ている雑誌で、堀さんが当時池袋本店にいた僕のインタヴューを店内の喫茶店でやってくださって、その時いろんなお話を伺ったり話したりしました（『ず・ぼん』九号　二〇〇四）。実は、その同じ号に載った僕も出席した座談会が「図書館の民間委託」というテーマでした。二〇〇〇年ごろ以降、図書館や出版界をめぐっては随分といろんな「不毛で不可解な抗争」とでもいう問題が出てきています。その問題は書店とも関係する話でしたし、当然僕も考えていかなければいけないと思っておりましたので、参加の依頼を受けて、自分も図書館について勉強するつもりで座談会に参加していました。ところがその号が出版されてみると、堀さんが座談会とは別に企画担当してくださった僕の個人インタヴューの方が、なぜか冒頭に大きな写真付きで載っていました。しかもその写真が、見事にピンボケでした（笑）。編集者というのはひどいことをするなあ（笑）、と思いました。非常に地味な雑誌なのですけど、いわば僕がグラビアページに出た唯一の出版物です。それがご縁です。

私はなぜ、図書館にコミットするのか？

当時僕は人文書院という京都の出版社のサイトにコラムを書いていまして、——これは今でも続いています——それにもときどき図書館の話も書いていました。そのコラムを、二〇〇七年、僕がちょうど東京を離れて大阪に行く年に人文書院が再構成してくださり、『希望の書店論』という本になっています。全部で五章のうち一章が図書館についてです。それぐらい図書館については関心がありました。なぜかというと、何より僕自身が図書館をよく利用しているからです。その意味では図書館のことをもっと勉強したいし、図書館にもっと使い勝手がいいようになってほしいと思っているということがあります。そのころは埼玉県戸田市に住んでいましたので、戸田市の図書館によく行っていたのです。わりあい便利で、家の近くの支所と言いますか、公民館の中にある小さな部屋で中央図書館の本が借りられたのです。その当時ようやくインターネットが普及してきて、ネットで検索して「この本を」とお願いして、支所に取りに行けたというのはすごく便利でした。ただ今でもそうなのでしょうか、埼玉県立図書館の本はネットからは直接申込みができなくて、いったん中央図書館に行って、紙に書いて出さなくちゃならないということがあって、そのあたりもう少し融通を利かせてもらえないかというようなことを話した覚えがあります。

その頃に、堀さんがかかわっておられるデポジットライブラリーの本、『東京にデポジットライブラリーを』(ポット出版　二〇〇三)を読みました。今回改めて読み直してみて、こういう活動は本当に大事だと思うし、また書店との関係でも、図書館には違うところで違う悩みがあるんだなぁと、すごく勉強になりました。本当に、本がいつまでも少なくとも一冊は残っていて、いつでも読めるということは必要だと思いました。

僕が図書館を利用し出したのは、ひとつは転勤族でありますので、あまり本を買いためておくことができない。ありていに言うと、あまりたくさん本が増えると女房に怒られるんで、できるだけ返せるところがあるといいなと思って使っていたら、図書館が自分の書斎のように思えてきて、これは別に買って持ってなくてもいいやと、さらによく使い始めたのです。もちろん本屋ですから自分の店でも買うのですが、買うのと借りるのを両立しております。今でも、僕は難波店に電車通勤していますが、一駅前で降りたら大阪市立中央図書館があるので、よく借りに行っています。特に出版関係あるいは図書館関係の本は、中央図書館によく在庫がありまして、あんまり借りる人がいないのでいつ行ってもあるのです。ですから安心して利用しております。

そういうこともあって、図書館についていろいろ書いたりお話をしたりしています。さっき打ち合わせで堀さんとお話していたことのひとつは、図書館と書店は同じ本を扱う業界でありながら、意外と敷居が高いというか、なんかこう別のもののように語られることが多いのです。確かに全然違うところもあるけれども、一方で本を読者に提供するという意味では共通しているところもある。そこの区分けが大事だ、どこが共通していてどこが違うのかということをじっくり考えることは、やっぱり僕ら自身の書店の仕事についてよく考えることにもなるぞ、というふうに考えたことも事実です。

図書館がどう見えているか

打ち合わせでお話ししていたのは、図書館で本を作るといいますか、つまり、図書館で資料を探していろいろ調べて本を書いている作家とか研究者の方がたくさんいて、それでできた成果の本を書店で売るというサイクルが一定程度成立しているのに、そのことについてはあまり触れられないということです。むしろ、「図書館で本をタダで貸すから本屋で本が売れないのだ」というような議論だけが二〇〇〇年の初めごろから強くされてきています。僕には、なぜそこで分断されるのかなぁ、という思いがありました。そういうことも含めていろんなことを書いてきました。

図書館と書店で何が一番違うのかというと、ひとつは図書館の人たちは「選書」し、僕たち本屋は「仕入れ」るということです。「仕入れ」の場合、本は買切りの商品もありますが、普通は委託販売が日本の出版界、あるいは書店業界の主流です。売れるかもしれないと思って委託販売の本を仕入れるわけです。だから返すこともできます。ところが図書館の方々の作業は、複本というケースもありますが、通常は一冊の本を買い取るわけです。それによって「風景」が違ってくるのだろうな、と思いました。それを僕はかつて、「書店というのは実験場つまりラボラトリーなのだ」と書いたことがあります。書店で実際に平積みをしてみても売れないものもあるし、あまり売れないなと思って少ししか仕入れないと、アッという間に売り切れてしまうものもある。そこは本当に、仕入れてみないとわからないのですね。

必ず売れる本は、売れ始めて追加注文する時に「やはり」と思うことはありますが、実際問題それがどれだけ売れるかということは、全然わからないのです。でも僕たちは通常売れなければ返品することができますが、図書館の方は、買ったら、借り手が少ないから返品するというわけにいかない。そこは慎重にならざるを得ないだろうと思いました。いわば僕たちが買切りの商品を仕入れるのと同じです。僕たちも買切り商品に対してはかなり慎重になりますし、場合によっては仕入れないということもままあります。当然、図書館の選書は神経を使って大変だろうな、ということを思ったわけです。その結果どうしても図書館には、すでにある程度評価の定まった方の本はたくさんあるのだけれど、今売出し中というか、これから出てきそうな著者の本は、――今はそうでもないのですが、かつては――少ないなと思っていたことはあります。

僕が若いころ、高槻市に住んでいた時ですけれど、ある座談会の本が出版された時に、その座談会に出ていた若手の学者何人か――竹田青嗣とか山本哲士――の本を一緒に読んでみようと図書館に行ったら全くなかったことがありました。すごくきれいな図書館で新着図書も多かったのですが、棚をみたら吉本隆明とか梅原猛とか大御所の本はズラッと並んでいるのに、若手で、うちの店頭では新刊が出たらそちらの方が実際売れているような著者の本でも、図書館には全然なかったのです。僕たちはわりあい自由に仕入れて、これだと思ったらドンと強く売り出すことができるのですが、図書館の選書というのは、なるほど慎重なのかなぁという気がして、それはやむを得ないのかなぁ、とも思ったのです。

またその時に僕が思ったのは、図書館の方にはぜひ書店の店頭に来ていただきたいということ。そして「この著者についてはあまりよく知らないのだけれど、なんでこんなに平積みしているのですか」と聞いてくださいと。そのことを図書館の方に話したこともあります。

その後、図書館の方は本好きの人が多いですから、お店に結構来ていただいているのがわかってきました。また図書館の蔵書の足りない部分とか、所蔵している全集に汚破損や紛失で欠品が出た時に、ジュンク堂池袋本店は何でも揃っているということでけっこう来て買っていただいていたのですが、一般論として、「私は図書館の人間です」と話しかけられることはなくて、それがわかった時に聞いてみたら、やっぱり敷居が高い、どうも遠慮があると言われたのです。図書館はタダで本を貸しているので、書店の人は図書館を敵視しているのではないかと。「決してそんなことはない。僕もよく図書館を利用していますから」とよく言っていました。

なぜ来てほしいかというと、やっぱり僕たちは僕たちで、「この著者の本をもっと多くの人に読んでほしいなぁ、もっとみんなに知ってほしいなぁ」と思って平積みしているので、そのことを伝えたいのです。本屋の人間は、自分が特に応援している本だとか著者について聞かれるのはすごく好きですから、よほど忙しい書店ならわからないですけど、我々ぐらいの店でしたら、聞いてくれたらうれしくて、担当者は幾らでも話をしますので、ぜひ聞いてください、ということをお話していたんです。どうも図書館対書店という、ヘンなミゾが当時からあったようです。

ですが、役割が全く違うのですよね。図書館には書店では絶対できないこともあります。

例えば、絶版品切れになって、僕らの店は今では丸善ジュンク堂となって全部で一〇〇店舗ありますが、全店の在庫データを見ても一冊も残っていない本が幾らでもあります。そういう本を聞かれた時に、自分が「あの本なんでなくなったのかなぁ」と思うような本に関しては、「ぜひ図書館で読んでください」ということを、僕自身若いころからよく言っていました。一番よく言っていたのが、僕の大好きな小説で髙橋和己の『邪宗門』です。今は河出書房さんが文庫にしてくれましたが、実は神戸店の時代から、あのころはまだ『髙橋和己全集』もあったし『髙橋和己全小説』というのもありましたのに、なぜか『邪宗門』の巻だけ品切れだったんです。新潮文庫も絶版になっていまして、書店ではもう買えなくて、「ぜひ図書館で読んでください」というご案内をした覚えがあります。

それがのちに二〇世紀も終わりごろになったら、インターネットの古本屋さんのサイトで各店の在庫が見られるようになり、そして図書館の在庫も見られるようになってきました。僕はご案内がしやすくなったのがとてもうれしかった記憶があります。

書店の本というのは、特に最近はそうなのですが、すごく命が短いんです。それは皆さんが思っているより本当に短い。ですから、そういう場合には、「ぜひ図書館で読んでくださ い」と思います。もちろん売上げにも何にもならないですが、「この本がほしい、読みたいのだ」と言われたお客に、「いや、もううちでは手に入りません」で終わるのではなくて、「そこに行けばありますから、ぜひ読んでください」と案内したほうがずっと気分が楽というか、うれしいです。そういう気持ちを持って、しかもお客に示せる書店員がもっともっと出てきてほしいという気持ちもあるのです。そういう意味でもインターネットというのは我々にとってありがたい武器です。自分は図書館で本を借りる時に、子どものころは実際に行って紙の目録カードをめくりながら探していた記憶がありますが、もうネットで家からでも見られるというふうになったのは大変ありがたい。インターネットは本を探すのに大変ありがたいツールでもあると思います。

図書館にできて書店にはできないことをもう一つ言いますと、ブックフェアについてなのです。ブックフェアは書店でもよくやっていますが、書店でやれるブックフェアにはすごく限界があるのです。本の命が短いから、ちょっと前の話を取り上げようとしたら、関連する本がもうないのです。

そのことを一番痛感したのは、僕が親しくしている作家で山口泉さんという方がいましたて、今は沖縄に住んでおられ、最近、辺野古のことを書かれた本（『辺野古の弁証法』オーロラ自由アトリエ　二〇一六）を出されました。その山口さんが、『アルベルト・ジャコメッティの椅子』（芸術新聞社　二〇〇九）という本を出された時のことです。一九八〇年代の日本と韓国のことを書いた小説です。舞台となっているのは韓国で民主化運動が盛んになっていく時期です。このころに韓国では書店や出版社がすごく増えたのだとも聞いています。一方で日本は西武のセゾン文化の全盛期でした。その対比などが書いてある本です。僕はその本をテーマに自分の店でブックフェアをしたいと思ったのですが、セゾングループについての本が当時は全然なかったのです。今はまた幾つか出ていますが。また同時に、韓国の民主化運動についての本はないだろうかと探したら、これも当時はほぼ全部、品切れ状態でした。

あるいはもっと昔、僕が京都店にいたころ、戦後五〇年目を迎えてそのことが話題だった年のことです。僕は「戦後五〇年」のフェアをしたいと思い立ちました。ところが、当時盛んに「戦後が五〇年を迎えた」と言われていましたが、組まれたフェアで選ばれているのはほとんど戦争の本ばかりでした。しかし僕は「戦後」のフェアをやりたかったのです。「戦後五〇年」を十年区切りで五回連続のフェアにして、戦後になってから何があったかを続けてずっとやりたい。例えば、最初のフェアではＧＨＱだとか、二・一ゼネスト、あるいは白鳥事件などが書いてある本を探したのですが、当時ほとんどありません。思うようにフェアが組めないのです。これは図書館だったらやれるのだろうな、と思いました。

『ず・ぼん』で読んだのですが、図書館でもいろいろなフェアをやっているところはある。しかし図書館は僕ら書店と違い、フェアのために何冊も仕入れることができない。一冊しかない本を並べるので、それが借りられたらおしまい、書棚には残らない、それが悩みなのだという。なるほどなぁ、でもそれでもいいじゃないか。借りてもらうためにフェアをやるんだし僕らも売るためにやるんだし、目的は果たしているわけで、図書館のブックフェアというのはすごく充実できるのだろうなぁと思ったわけです。そのように考えると、図書館と書店は同じ「本」を扱いながらずいぶん風景が違う。

というのは自分自身でいろんな本を読みたいと思った時、例えば専門でもなんでもないけれど経済のことに関心が向いた時に、今、書店で盛んに売っているようなミクロ経済学の本はいくら読んでもどうも納得がいかない、ということがあります。むしろ制度派経済学の本が面白そうだ、読みたいと思ったが、意外とそれは新刊本にはない。ところが図書館に行って棚をみたら制度派経済学の本がズラッと並んでいる。このように図書館に行かないと手にとれない、書店では専門書は命が短くて置いていないという本は幾らでもあります。そういう意味では、読者も僕ら本屋の人間も図書館をもっと利用したらいいです。また、書店ももっともっと利用してもらったらいい。最先端の本というのは、やはりタイムラグがあるから、図書館より書店で見てもらった方がずっとわかりやすい。

ここ数年に書店で売れた本というのは、「最大瞬間風速」みたいなもので、今でいえば小保方晴子さんの『あの日』（講談社　二〇一六）ですが、おそらく一年後には忘れられていると思います。その他、最近の例で言えば、神戸の連続児童殺人事件の犯人〝元少年A〟が書いた『絶歌』（太田出版　二〇一五）は店頭であっという間に売り切れました。その前はやしきたかじんの最期のころを書いた『殉愛』（百田尚樹　幻冬舎　二〇一四）、ああいう本はテレビのワイドショーに出るとアッという間に売れていきます。こういう風景は図書館にはないものでしょう。その後で話題になっているからとリクエストが入ったりはするでしょうが。実際に目の前でどんどん売れていくのは書店ならではの風景だと思いますし、それは必ずしも話題性だけではなくて、そこで提案したり、ドンと積んで見せたりすることができるのは書店の役割でもあると思います。

出版界と図書館の不毛で不可解な抗争

書店と図書館の、一番ざっくりとした違いはやはり「お金」についてです。書店は本を売ってお金をもらう。図書館では本の貸し出しに対価を取らない。そこが全く違います。確かにそこの部分で、出版界と図書館の不毛で不可解な抗争が起こったのだと思います。ただ、これは両者の役割の違いによるのであって、仕方がないというよりは、そこを問題にしてみても始まらない。

会場の皆さんにお配りする資料に「図書館の自由に関する宣言」（巻末注）の抜粋を入れました。その冒頭には、「図書館は、基本的人権のひとつとして知る権利を持つ国民に、資料と施設を提供することを最も重要な任務とする」とあります。そしてその説明は「日本国憲法は主権が国民に存するとの原理にもとづいており、この国民主権の原理を維持し発展させるためには、国民ひとりひとりが思想・意見を自由に発表し交換すること、すなわち表現の自由の保障が不可欠である。」「すべての国民は、いつでもその必要とする資料を入手し利用する権利を有する。この権利を社会的に保障することは、すなわち知る自由を保障することである。図書館は、まさにこのことに責任を負う機関である。」とうたうところから始まっています。これはざっくり言えば「お金を出さなくとも本は読める」という、憲法にもとづく、国民の当然の権利の宣言です。民主主義という政体をとっている日本国の当然の前提であって、それは非常に大事なことでもあると思います。

それに対して書店は、最近では店内に座り読み用の椅子を置いたりもしていますが、これはあくまでもそれで本を売るためのもので、書店ではお金を出さないと本は手に入らない。そこは全然違う業態というか、全然違う本の提供の仕方なのであって、そこが違うと怒っても仕方がないと思う。

一方では本を書く人、本を作る人が生きていかなければならないわけで、古い言い方をすれば、マルクスのいう「自らの再生産」を著者あるいは出版社がするためには、対価を得られなければならない。だから当然対価が得られる場所も必要で、それが書店であると思っています。僕はそうした書店の役割を「投資窓口としての書店」と言っています。僕たちは生きていればいろんな出来事にあい、知りたいことがたくさん出てくる。また、世の中の出来事に関していろいろな意見も知りたい。そういうことを伝え提供してもらうためにも、書き手の方たちの生活の糧（かて）が得られる場所が必要です。次の本を書いてもらう原資が得られる場所も必要です。読者が書き手に投資してくれる、その窓口が書店であると僕は考えたのです。

仲がいい書き手に森達也さんがいます。彼はもともとテレビの人です。オウム真理教の事件のあとで、犯罪にかかわらなかった信者たちのドキュメンタリーをテレビでやりたいと提案したが、スポンサーが誰もOKを出さなかった。それで自分でドキュメンタリー映画を作り、その自主上映という手段をとったのです。そういう経緯がある方ですが、今はほとんど本の書き手となっています。テレビはどうしてもスポンサーの意向が入る。自主上映の映画なら作ることはできるが、そのあと商業ベースで製作費を回収できるほど充分な対価を得ることは難しい。それに比べて「本」なら、本を一万部くらい、あるいは専門書なら三〇〇〇部くらい作るなら、そんなに赤字にはならない。著者としての印税を潤沢に得ることは難しいかもしれないですが。つまり、自分の意見を表明するのに本はいい〈乗り物〉なのです。森さんはオウム真理教の事件に対しても麻原彰晃の死刑に関しても明確な意見を持っている方なのですが、それを表明しようと思ったら、すぐにできるのは映像を作るとかではなくて、本を書くことなのです（『A3』集英社　二〇一〇）。実は彼はテレビで今上天皇のインタヴューをやりたいと言って、その企画提案は一蹴されたらしいのです。しかしそういうことを言ったということを本に書くことは自分ですぐにでもできる。そういう意味では「本」

はなかなか伝えやすい、使いやすい〈乗り物〉であるのだと思います。しかも対価が取れる。僕たちはその窓口の役割を、書店でやっているのだろうな、と考えています。

そんな「本」の一部が図書館で買われ、図書館でも読めることになります。そういうことを考えながら、あらためて堀さん達の『デポジットライブラリー』の本を読みました。本が無くならないようにする努力を図書館の方がやってくれることは、大変ありがたいです。しかしこれはまた、書店とは違う図書館の持つ悩みだろうと思う。書店は絶版・品切れで無くなっても客に怒られないが、図書館でただ「もう置いていません。除籍しました」と言ったら、それを求めて来た人は怒るだろう。著者が原稿を書き、出版社が本にして、書店が売って、図書館で保存するという流れになりますから、その図書館が満杯になった時になんとか支えようとする、最終的にバックアップする活動は、僕たちにも関係する大きな「本」の流れの中の、最後の大事な仕事なのだろうと思います。

そういう、「本」をめぐる流れの中で自分たちの仕事の位置を見つめるためにも、図書館のことも勉強したい、考えなくてはいけないと書店員の僕は思っています。そこで、あれこれ発言したり、呼ばれればあちこち出かけてきました。

書物の持つ時間

もうひとつ、関連してお話ししたいことが「書物の持つ時間」ということです。僕がそれを痛感したのは、今まで話したのとは別の業態、古本屋のことからです。堂島にはジュンク堂の大阪本店があり、僕は二〇〇七年から二年ぐらいそこの店長をしていました。その店のすぐ近くには、「本は人生のおやつです」という名前の、小さな古本屋兼新刊書店がありま す。石橋毅史さんの『本屋は死なない』（新潮社　二〇一一）（韓国や台湾でも翻訳が出ている本ですが、日本では絶版らしい）の中にも出てきますが、坂上友紀さんという女性がやっています。その店で、二〇一五年九月に名古屋の古本屋シマウマ書房の鈴木創さんと石橋さん、坂上さんとの鼎談イベントがありました。

その鼎談を聞いていて、これは面白いなぁと思ったことがあります。古本屋には、本を読んだ人が、この本はぜひ他の人に読んで欲しいなと思って売りに来る。そしてその本が売れたら、今度は、それならその同じ人にこの本も読んでもらいたいなと別の本を持ってくる、そういうことがある。そういう循環で本がまた生き返ることがあるのだと言っていました。古本屋には僕ら新刊の本屋とはまた違う時間が流れているようです。面白いなぁ、と思いました。

これは新刊の本屋の僕らでも言うことですが、本というのは〝読みたくなった時が新刊〟なのであって、刊行時期が新しいかどうかは、読む人にはあまり関係がない。〝読みたくなった時が出会いの時〟なのです。そして、偶然の出会いが起こり得る、「古本屋の本」というものの不思議さ。

そして図書館に流れる時間は、また全然違います。偶然ではなく、図書館の本はいつもそこにあり、それぞれ長い時間が経っています。だから新刊本屋と古本屋と図書館とでは、本に関してちょっとずつ時間の流れ方が違うのではないかということを感じます。それに対して、インターネットというのは「時間」がない。何かを調べたくて検索した時に出てくる答えが、いつのことなのか実はわからないことが多い。時間が古い新しいのではなく、これは時間そのものがないのかなという気がしました。

そこは新刊の書店は一番明確です。今出たばかり、あるいは今売れている本が中心です。以前に比べてベストセラーの期間が多少長くはなっていますが、目立つように展示されているのは、出たばかりか売れている本です。雑誌などが典型ですが、新刊書店の時間は入れ替わっていきます。はっきりした時間がある。ところが図書館にはずっと、ある一定の時間が流れています。そして古本屋にはポツリポツリと、ある時、時間が降って湧いたように復活する。書店では「日付どおり」、明確に時系列で並べていることの意味もあるのかなぁという気もします。

このように本を巡っていろいろな時間が流れていて、しかしそれぞれの業態は、それぞれの自分たちと本との関わりの時間しか持っていない、それしか知らない。それぞれが本のあり方で面白いなぁ、しかもそれが「紙の本」独特のあり方なのかなぁという気がしています。

具体的な連携の実践こそが大事

一昨年のことになりますが、二〇一四年夏の東京国際ブックフェアで開催された「書店と図書館」に関するシンポジウムに僕も出たのですが、文藝春秋前社長の平尾隆弘さんが、今いかに普通の文芸書がもうからないかということを切々と訴えていました。たまに出るベストセラーのあがりで、他の本の売れ行き不振をようやく補っている状況だという。それはそうなのだろうと思います。その図式を妨害するものとして、「図書館は無料貸本屋」というひどい言われ方が二〇〇〇年代の初めから言われるようになっています。「図書館が無料で本を貸すから本が売れないのだ。せめて図書館でベストセラーを複本にするのは止めてくれ」と。

それについては、例えば元浦安市立図書館長の常世田良さんなどが、「それは違う。図書館を利用している人は本屋にもよく行くのだ」と言います。それは統計などでもわかることなのだそうです。図書館が次代の読者を育てているのではないか、という指摘もあります。

しかしこうした議論はいつもそこまでです。僕の出たシンポジウムの時も、最終的には、「今はツノを突き合わせている場合ではない。そうではなく、むしろもっと本を提供するために、本の面白さをわかってもらうために書店と図書館は連携した方がいい」という結論になりました。こういう話は、いつも総論的には連携したほうがいいということになるのだけれど、結局そこまでで、「それではどうするのか」ということが続いて出てこない。僕はそこがもの足りなかったので、自分なりに行なったささやかな実践についてお話ししたいと思います。

ある時、大阪市立中央図書館の方が難波店に来られて、「図書館でもいろいろサービスしたいと思っているのだが、書店で日頃たくさんイベントをやっている立場から何か意見はないですか」とおっしゃった。それを聞いて僕は即座に提案しました。「大阪市立中央図書館の上階に、なぜか「大会議室」という名で呼んでいるが、とてもいいホールがあるでしょう? あそこを使わせてもらって一緒に何かやりましょう。書店だけでは集客も厳しいですし、何より、書店店頭のスペースではトークショーをやるにもせいぜい五〇人くらいしか入ってもらえません」と。

大阪市立中央図書館の方がその提案を聞いてくれて、実際その場所を貸してもらって、三、四回、著者によるトークショーをやったことがあります。会場使用料は無料、ただし公共施設ですから入場料は取らないイベントです。図書館の集客力はすごいと思いました。僕らがいつも店頭でチラシを配ったりホームページでお知らせしてもなかなか人を集めるのは厳しいのですが、二百何十人かの人が集まりました。アンケートの結果を見ても、図書館でチラシを見たという方がほとんどでした。それだけ日常的に、図書館を利用している方は多いのです。

大阪では三〇〇人収容できる無料の会場は他にはない。その会場を持っている図書館には意外に著者とのつながりがない。出版社は著者との関係は強いが会場確保が難しい。書店はイベントを開催して本を売りたいが自分のところでは収容力に限りがある。その三者が集まってそれぞれが得意なことをやったらいい。図書館の集客力を利用しない手はない。そして会場で本を売らせてもらう。

実は書店の近くで講演会が準備されている時、「近くで何月何日講演会がありますから講演者の本を並べておいてくれれば売れますよ」というご案内を関係者からよくいただくのですが、書店でそれが売れたことはまずないです。これは自分の経験でもあるのですが、美術展を見終わった後の出口近くでの図録販売と一緒で、観賞した余韻の残るすぐ後だったら皆さん、結構高価な図録でも買うのです。会場内で売ることが大事なのです。僕は以前に、図書館で本を売ることは違法でも何でもないのだと聞いていましたから、講演者を連れていくからその会場で本を売らせてくださいと提案したのです。

こうして出版社と書店と図書館の三者が協力して、僕は何回かイベントをやりました。そして実際、大勢の読者に喜ばれたのです。図書館と書店の問題は、お互いの業界の人がシンポジウムなどで話すだけではなく、具体的に一歩踏み込んで読者、お客さんに対し一緒にやってみることが大事です。こういう努力はまだまだ足りないと思うので、僕も形にすることを続けていきたいと思います。

これはまた少し別の話なのですが、ライバル同士のように思ってあまり付き合いのない、地域にある書店同士の連携も、もっとやったらいいと思います。僕は、池袋時代も、現在の大阪の店でも、――決してスペースが充分にあるわけではないですが――店内を片づけ、臨時に丸椅子を並べてトークショーなどを企画してきました。最近では催事のできる割合大きなスペースを店内に持った書店も出てきていて、大阪でもいろんな店がいろいろ工夫してイベントをしています。書店同士がお互いにお客さんに対し、今あそこではこんなイベントをやっていますと紹介しあえたらいいなと思っています。これは「きれいごと」で言うわけではなくて同じ新刊書店といってもけっこう業態は違うし、客は僕達が想像する以上に使う書店を決めている、それぞれの書店に付いているものです。近くにあっても自然にお客は流れていかない。書店同士は敵対関係にあるわけではないのです。本を売るだけでなくてイベントをやるからには、少しでも多くの人に聞きに来てほしい。

僕はよその書店がやるトークイベントに呼ばれたことがあります。「話をしに来てくれませんか」と、おずおずと打診されたものですが、僕は「ぜひに」と答えました。普通は別の書店の人間だからダメだと思うのかもしれませんが、そんなことはない。書店同士が支え合って読者を広げていきたい。ついでに言えば、何か新しいことをやる時、僕は会社に「やっていいですか」とは聞きません。「アカン」と言われる前に、やってしまう。「いいですか？」と聞かれたらそれなりの立場の人は、責任があるから「ダメ」と言わざるを得ないことである。勝手にやった方が上司のためにもいいと僕は思っています。

紙の本は、滅びない

今日の演題は「紙の本は、滅びない」となっています。これは僕が二〇一四年一月にポプラ社から出してもらった新書本のタイトルでもあります。今日はいろいろな話をしていますが、いよいよ、演題でもあるこの話題に移っていきたいと思います。ただしこの本を出して既に二年経っていますし、僕の中では今は、その後に起こったことの方が大きい面がありま す。そのことも後に話します。

二〇一〇年は「電子書籍元年」と言われた年でした。その少し前くらいから、マスコミも評論家も、盛んに「もう『紙の本』の時代ではない」、間もなくガラッと電子書籍に置き換わっていってしまうのだと言っていました。僕はそんなことはないだろうと思っていました。現にあれから六年経って、そうなってはいません。しかし当時はそういう論調が溢れていました。そんな中、亡くなられた当時のポプラ社社長の坂井宏先さんが、僕がそれまで「紙の本」の存在理由や優位性について書いてきた文章に目をとめられ、「出したい」と言ってくれました。坂井さんには、当時の民主党政権が早急に進めようとしていた「デジタル教科書」に対する危機感があったのです。人々が「紙の本は読みやすいなぁ」と言ってくださるのは、実は人が最初に文字コンテンツに出会う媒体が「紙の本」だったからだという、習慣の面がある。「デジタル教科書」が導入され普及して、最初に文字と出会う媒体が液晶画面だったという子どもたちが育っていった時、「紙の本の方が読みやすい」と言い切れるのか。この危機感は僕も一緒です。だから「デジタル教科書」導入には慎重であってほしい。坂井さんに声をかけていただいてお会いして、まずそのことをじっくり語り合いました。

正直に言いますが、『紙の本は、滅びない』は一種のプロパガンダです。実際に「紙の本が滅びない」のかどうか、明確な証明はあの本の中でできていません。それは実はわからない。でも言わなけりゃダメです。乱暴な未来予測がまかり通り、その未来予測の結果には誰も責任をとりませんから。皆さんもご存じだと思いますが、カッコつき「電子書籍元年」の少し前から、もうまもなく「紙の本」はなくなる、新聞もテレビもなくなるんだと言われたものです。

電子書籍の問題の一つは、デバイス、つまりプレーヤー（再生装置）が変わると中身が全く読めなくなってしまうことです。これはこの二十数年の間に誰もが経験していることです。少し前に作ってフロッピーディスクで保存しておいた自分の文書があっても、今では誰も簡単には読めません。

出版デジタル機構の会長をされ、今は専修大学教授をされている植村八潮さんも、著書（『電子出版の構図』印刷学会出版部 二〇一〇）の中で、「ひょっとしたら歴史の中で昭和の終わりから平成にかけては、出版物が何もなかったとあとから言われることになりかねない。文化史のエアポケットになるかもしれない」と書いていました。日本には一三〇〇年前の天平時代に造られた、百万塔陀羅尼があります。奈良の法隆寺には今でも四万の塔が残っていて、その小さな塔に入れられた巻物に木版で刷られた陀羅尼経は今でも読めるけれど、最近作られるデジタルコンテンツが読める形で後世に引き継がれていく保証はないとはっきりおっしゃっています。

こういうことを考えると、紙の本はコンテンツとプレーヤーが合体しているために、メディアとしていかに強靭かということを、つくづく思い知らされます。しかもすごく便利です。僕はスマホは持たないがタブレットは持って使っています。しかしこれからの予定などはタブレットに入力するより紙の手帳に書いておく方がよっぽど早い。なんでも新しい方が便利だという思い込みがあるが、紙の方が便利なこともたくさんある。

出版業界には先行きへの危機感が行き交っています。しかしまず、自分たちが作って自分たちが売っている「紙の本」という商品がこれだけ優れているのだ、ということを何でもっと言わないのか。電子書籍がやって来た、アマゾンがやって来た、マスコミが騒ぐ、評論家が言う、「だから『紙の出版』はもうお手上げだ」と言う前に、出版業界自身が改めて「紙の本」がこれだけ優れている、と主張する本を出せばいい。努力が足りないのではないか。『紙の本は、滅びない』は、僕にそういう気持ちがあって出してもらった本です。確かに「紙の本」の売れ行きはこの二十年間徐々に徐々に落ちてきていますが、それが「電子書籍」に置き換わっているわけでは全くありません。「電子書籍」もそんなに伸びてきていない。

『脳を創る読書』（実業之日本社　二〇一一）という本では、言語脳科学を専門とする酒井邦嘉先生が、紙に印刷された文字が脳に与える刺激や効果について、なぜ「紙の本」が人にとって必要なのか、「読書」や「考えること」とは？「紙の本」と電子書籍の関係とは？など、まだ他の人が言わないようなことを書いていて刺激になります。少し前の本では、『ペーパーレスオフィスの神話』（アビゲイル・セレン　創成社　二〇〇七）も皆さんにお薦めしたい本です。説得力があるのは、電子化時代と言われて電子機器がオフィスに入っていってから、実は紙の需要はどんどんどんどん増えていったという話です。それはアメリカでもいろいろ実験し実証されているようです。皆に電子端末を持たせて会議などしているが、プリントした書類の方が見やすいし、説明するにも説得力があるのです。一方で、紙の書類はファイリングしておいてもいざという時、どこに行ったか探しにくいのは事実です。確かにデジタルは記録を保存しておくには便利で、膨大な文書もあとで検索しやすいのは確かです。その面ではデジタルの方が優れているが、少なくともアクチュアルな場面では紙の方が便利で、現に盛んに使われている。この本はもっと話題にされていいのに、なぜ誰も取り上げないのでしょうか。

本と目が合う

デジタルはアクチュアルな場面では訴える力がない、ということ。十年前くらいに出た

『見える化』（遠藤功　東洋経済新報社　二〇〇五）には、事務的なことも含めて、情報はすぐに目に入るようにしておかなくてはダメだと書いてあります。「現場」にとってはそれが一番大事なのであって、探せば見えるのといやが応でも見えてしまうというのは違う、という話です。

亡くなった山口昌男先生のお弟子さんの今福龍太先生が、山口先生は古本屋で必ず「本と目が合う」と言っていたというお話をされていましたが、それは僕も経験したことがあります。日本では年間七万点以上の本が出版されていて、本屋の店頭には毎日二〇〇点ぐらいの本が流れてくるのですが、日々なぜか知らないが、「アレ？これ何だろう」という本が目につくのです。皆さん、どうでしょうか。

そのことの意味が分かったのが、下北沢でB＆Bという書店を内沼新太郎さんと一緒にやっている嶋浩一郎さんの『なぜ本屋に行くとアイデアが生まれるのか』（祥伝社　二〇一三）という本を読んだ時です。僕は書名から、これはご都合主義的なビジネス書かと思ってなかなか開かなかったのですが、読んでみて、アッなるほどなぁと思いました。

人間は、実は自分の欲望を言語化できているのはごくわずかだ、だから自分で意識して検索できるキーワードというのは自分のごく一部でしかない。自分でも整理し自覚できていないことが、自分の中には一杯あるのだ。だから本屋に行って書名などが目に入った瞬間に、自分が思っていたことを〝発見〟できるのだ、というのです。なるほどこれはその通りだと思うし、この議論は使えるなぁと思いました。

お客さんが必要な本を、自分でモニターの画面で検索できるようにすればいいだろう、ではないのです。これは本屋でも開架式の図書館でも同じだと思いますが、本は見やすいように並べておかなくてはならない。そしてスタッフにお客さんが聞いてきた時、最近では、検索してそのとおりの題名の本があればマルで、なければペケとなってしまいがちですが、お客さんが言っている題名がほんの少し違うからヒットしなかっただけで、実はその本は店にあるのかもしれない。あるいは店にその本はなくても、該当の棚に行ったら実際に置いてある他の本の方がよいなぁということがあるかもしれない。棚に向かえばお客さんの目に、自分が探しているものではない本の背表紙が飛び込んできます。僕はスタッフに、「お客さんに本の所在を聞かれたら、お客さんが面倒がらなければ案内して一緒に棚に行け」と言っています。そして、棚に行くとたいていはお客さんの方が早く見つけてくれます。だってお客さんにはそれを読みたいという欲望があるのですから。モチベーションの強さが違います。またお客さんが、欲しいものを正確に言語化できているとは限らないから。でもそれでいいのです。それから、棚のその本の周りで、「ああこれも」とさらにもっと読みたい本が見つかるかもしれないのです。

これは棚づくりの話にもつながってきます。僕は、探しに行ってお客さんの言うとおりの書名の本があればマルで、無ければペケだというのは、本屋にとってあまりいい傾向ではないと周りには言っています。それでは、せっかく店に来てくれたお客さんを誘惑するような棚を作ることにモチベーションが生まれないし、どこか大きな枠組みにのっとってやっていれば間違いないという態度の感じがするのです。昔は書店の業界では、本の並べ方について「棚で絵を描く」という言い方をよくしていたものです。

京都店オープン直前のある日、梱包を解いた僕は棚の前で沈思黙考していました。他のスタッフに「そろそろ本を棚に入れないと間に合いません、入れていいですか」と言われながら。「待て待て。もう少しで棚の絵が見えてくるから」（笑）と。普通はこういうことはあまりしないのです。しかしこうやって、お客さんを誘う棚を作っていく。失敗する時もあります。しかし決まった枠組みに従って、枠組みにはまるような本を並べていてはあまり面白くはない。お客さんもそうだと思います。

そして一番大事なことは、それまでの分類体系の中でしか考えないでいると、本当に新しい本が入荷してきた時に棚に並べられないということです。本当に新しい本というのは、どの棚に入れたらいいのか、にわかにはわからない本です。そして、その本を入れた時に棚のありようがガラッと変わるような本なのです。どこに置いたらいいかわからないというような本が実は面白い。そして売れる本なのです。お客さんもそんな、従来の枠組みには入らないような本を求めているのではないかと思います。僕もそんな本を幾つか、最初に棚に並べるところから見てきました。

僕は今は店長なので棚づくりを直接やっていないのですが、一番興味があるのは、棚の担当者が「店長、この本はどの棚に入れたらいいかわかりません」と言ってくるような本です。それがきっと新しくて面白いのです。最初からこの棚に入れれば正解と決まっているような本は、あまり面白くはない。それは読者も同じだと思います。

最近、出版流通業界紙に「出版業界は、量的なシュリンクと質的なシュリンクがますます自分の首を絞めているのではないか」という趣旨のことを書きました（「出版の量的、質的なシュリンク」『新文化』二〇一五年十月二二日、二九日号掲載、後に『書店と民主主義』人文書院　二〇一六年六月刊に収録）。実はそのことにつながっていきます。

シュリンク、意図しないで縮まってしまっていくことのひとつは出版業界の総量規制です。出版業界では、新刊書の書店の返品率が高いことがずっと課題だと言われてきました。新刊が売れないから返品率が高くなる。返品を抑える手っ取り早いやりかたとして、仕入を抑えるということが言われる。しかしそれでは売れるものも売れなくなってしまうでしょう。

かつて返品率ゼロという時代がありました。それは実は戦争中で、新刊本が全然出ない状態です。これこそが量的なシュリンクの究極です。

一方、質的なシュリンクはマーケティングです。販売した時点で商品ごとに売り上げを把握するPOS（Point of sale 販売時点情報管理）システムはコンビニ業界で始まりましたが、最近では書店でも売れた本のPOSデータがすぐに見られるようになり、それを出版社では販売部だけでなく、編集部でも参照しています。次の新しい本を編集するところもPOSの数字に引っ張られているようです。しかし、売れた本をモニターして次の本を企画し作っていくのは、出版にとって妥当なことなのでしょうか。直近の数字が正確にわかったとしてもその数字はあくまで過去のものです、読者は変わっていきます。特に読者は、直前に買った本を読んだことによっても変わっていっているはずです。読者はまた同じようなものは読みたくないはずだと僕は思います。

ヘイト本とクレーム

売れているからそれと同じ企画の本を次にもまた出すという問題は、単に商売上で下手くそだというだけでもないのです。少し前からいろいろ騒ぎになっている、いわゆるヘイトスピーチやヘイト本の問題があります。僕は本屋としては特に、この間次々と出版されてきた、いわゆる「嫌韓嫌中本」をどう考えたらいいのかの問題につながると思っています。

これについては、やっと二〇一四年一一月になって「ころから」という出版社から、『NOヘイト！　出版の製造者責任を考える』という新書判の本が出ました。ご覧になるとわかるようにとても薄くて、僕はもう少し厚くできなかったのかなと思いましたが。「嫌韓嫌中本」出版の流行に対し、出版社には製造者責任があるのではないかという本です。僕はその本を応援したいなと思い、店の店頭で「NOヘイト」の関連書を並べるブックフェアをやりました。その時はさまざまなクレームを受けて、楽しかったです。（笑）

クレームを受けることは全然イヤではないです、これは決して強がりで言っているわけではないです。次々とこういう本ばかりが出てくるが、それでいいのだろうか？と考えて、僕はそれを訴えるフェアをやっているわけです。もしも何の反響もなかったらフェアを企画した意味がないではないですか。書店で何をやったって影響力はない、怖くないと思われたら、それこそよっぽど侮辱的なことです。「嫌韓嫌中本」が次々と出されてくるということは、現にそれを買う人がいるわけなのです。書店がなんで、そんなお前たちの考えの本を押し出してくるんだと、みんな怒ってくれないかなぁと思っているわけです。

クレームと言っても別に殴られるわけではないですから。受けるクレームはだいたいみんな電話なのです。店長なので長い電話の相手をさせられることには慣れています。またクレームを付けてくる人と具体的に話をする中で、僕は「なるほどそういう考え方もあるのか」と勉強になるというか、分かることもあるわけです。例えば電話口でどうしても理解できないことがあります。「君は韓国や中国が今まさに日本を侵略しようとしているのを知らないのか」と言われるわけです。「それは存じ上げませんでした、そうは思っておりませんけど」と答える（笑）。でもそこで、あっ、今は本当にそう考えている人が実際にいるんだな、とそれによって知る。僕はそれが大事ではないかと思うのです。でも実際に嫌がらないでクレームの相手をしている人のことは、あまり聞いたことがありません。僕は嫌がっていないというか、「これはやるっきゃない」と思っているわけです。

そして二〇一五年は、安保法制の制定の動きとその反対運動の盛り上がりがありました。そんな中で丸善ジュンク堂渋谷店が、SEALs（シールズ：Students Emergency Action Democracy-s：自由と民主主義のための学生緊急行動）の若者の本などを前面に出して、民主主義に関するフェアをやってクレームを受けるということがありました。あれは実は、渋谷店がやったフェアそのものよりも、フェアをやっている店員がツイッターで「我々は戦うぞ」という言葉を書いたことが騒動の口火を切ってしまったみたいなのですが、その後ネットで炎上し、店はいったんフェアを中断して仕切り直しすることになりました。実はこれはあまり知られていないのですが、渋谷店の場合はツイッター炎上だけではなく、実際にクレームをつける人が数人で店に来たということです。「言っていることが反政府的だ」「SEALsを応援するような一方的な主張をフェアにしていいと思っているのか」と言われ、一時は店内のレジも混乱したようです。それでいったん引っ込めざるを得なかった。ただし、会社としては、「もう一度すぐに復活しろ」という姿勢だったことは申し添えておきます。

そういう騒ぎがあった時に朝日新聞などは、大阪の店にいる僕の方にわざわざコメントを求めてくるわけです。それはなんでかというと、僕はその前の「NOヘイト本」のフェアをやってクレームを受けています。その時はどんな様子でその後こういう対処をした、ということを書いたり明らかにしてきたからなのです。でももうひとつは、新聞記者が肝心の東京で取材して聞いても、ジュンク堂でも他の書店でも取材に応じていろいろ答えはするけれども、同時に、会社の名前とか個人の名前は出さないでくれと付け加える人が多いようなのです。新聞という媒体では、取材元の名前を明記しないと記事として成立しないので、僕のところに来たようです。僕はコメントを求められたら名前を出すことも含め、「どうぞどうぞ」と応じています。そこで自分の持つ意見を伝えてもらったり、「これで自分の店に少しでもお客が来てくれればいいなぁ」と厚かましく思っています。ただし新聞記者が僕のところに来るいきさつをよく聞いていくと、お話したような、あまり楽しくない今の状況が見えてくる気がします。でもクレームに遭うと言ったって、実際に大勢がやってきてつるし上げられるわけではない、せいぜい電話が数件来るくらいなものなのです。

民主主義は危ない

僕は民主主義を金科玉条にする気は全くありません。僕は、「民主主義は危ない」とも思うのです。というのは、世の中には確かに、韓国・中国を危険視している人は少なからずいるのです。僕が近隣諸国と友好関係を持ち続けたいという意見を持っていたとしても、それが世の中に通る保証はどこにもないわけです。それは書店の店頭を見ていると分かります。あれだけヘイト本が出るのは実際に買っていく人がいるからです。雑誌だってそうです。健闘しているというか、未だにしぶとく粘っているのは『世界』（岩波書店）と、『創』（創出版）、『紙の爆弾』（鹿砦社）くらいでしょう。他の社会を論評する雑誌には、今は近隣やアジア諸国に敵対する、もしくは蔑視する記事があふれています。それは現に売れるからなのです。僕らは店頭でひしひしと感じています。それが分かっているから、物事を多数決で決めたらいいかというと、正直に言って僕は怖いです。単純に多数決が民主主義だとは思いません。

ただし、自分の考えだけが正義で民主主義だと言うのは危険だと思います。だから書店の店頭は雑駁であったほうがいいと思っています。実は、「ＮＯヘイト」のフェアをやった時も、「在特会」（在日特権を許さない市民の会）の出した本も一冊、二冊置きました。店頭でフェアをやっても実際に売れている本はあえて外さないということは、僕はこれまでもしゃべってきました。それは本屋としてしたくないし、できない。また、得策だとも思わない。世の中に実際にそう考えている人はいるのだし、そういう本を買う人はいる。それは知っておかなくてはダメじゃないですか。

確かに本は、危険な存在ではあるのです。二〇世紀の終わりごろ、オウム真理教事件があった時にさんざん言われたのは「マインドコントロール」ということでした。本によるマインドコントロールの危険も言われました。その前には統一教会（世界基督教統一神霊協会の略称。改称して現在の名称は世界平和統一家庭連合となっているが、日本ではそのまま旧称の統一教会で呼ばれることが多い）の問題もありました。マインドコントロールするから、危険な彼らの主張の本を本屋に置くのはけしからん、と。しかし、マインドコントロールを全然起こさない本なんて実は値打ちがないのです。本を読むことによって変わるから人は本を読むのであって、それが本の効用なのです。しかし、ある本に影響された自分の考え方だけが正しいと思い続けることは危険であって、そこは常に相対視したい。本を読む時には、別の見方、考え方もあるのだということをわかっていないといけないと思うし、そのためにも書店の店頭には多様な本が並ぶようでありたいのです。「正義」というのは一番厄介なものだなと思っています。

ですから渋谷店が民主主義のフェアをすることも僕は基本的に擁護しますし、僕の意見もありますから、僕の店でもそういう本は押し出しますが、自分たちが絶対に正しいという主張はしないというか、そこで絶対視して「ヘイト本」を全部外すことは、僕の中では違うと思っています。世の中にはそういう考え方をする人も実際にいるということを分かった上で、じゃあどうするのかと考えるのがリアリズムであって、実は民主主義なのだと思います。

書店が民主主義を謳った本を前面に押し出して、安保関連法案にあくまで徹底抗戦するというフェアをやっている時に、「そんな一方的な主張を押し付けるな」と言ってきた人も、実は民主主義の中にいるわけです。作家の高橋源一郎さんは『ぼくたちの民主主義なんだぜ』(朝日新聞出版　二〇一五)の中で、民主主義を「たくさんの、異なった意見や感覚や習慣を持った人たちが、一つの場所で一緒になっていくためのシステム」と定義しています。その定義にはどういう主張が正しいかという条件は何もないのです。誰もが自分の主張を言えることが民主主義の唯一の定義なので、それを否定するのは民主主義を否定することになるし、もっと言うと、人と違う意見を持たないということは決していいことではなくて民主主義を放棄していることになると思います。

ですから朝日新聞社の記者の取材が来た時に僕が言ったのは、「聞かれれば僕は答えますし名前を出してもいい。しかしあなたたちの紙面に出るのは、〈安保関連法案の騒ぎの中で民主主義を押し出したブックフェアをやった書店があった。でも、そこはクレームが来たらすぐに引っ込めた。そういう腰抜けの書店だった〉という記事だ。それに対してじゃあ朝日新聞はどう思っているのかということは一切書かない、それはいかがなものか、そういう新聞は、じゃあどうなんですか」ということでした。

実は、例のバッシング以来、朝日新聞の記者は書きたくても書けない、両論併記もしくは中立を保ちなさいと強く言われているのだそうです。でもそれでは新聞もダメになるなと思う。新聞は明治時代の「萬朝報(よろずちょうほう)」の昔から、好きな主張をしているからこそ面白かったのになぁ、と思うのです。そういう意味では、今唯一面白いのはスポーツ新聞ではないですか。どう考えても勝てない阪神タイガースが優勝する(笑)って書いているのもあるのですから。あれは明確なプロパガンダですよね。そういう面白さが少ない時代になっている。繰り返しますが、意見というのは偏っているから意見なのであって、偏っていない意見などない。「ただ中立」という立場などはどこにもないのです。偏ってはいけないからすべての意見を放棄して「ただ中立」というのは、全然立派なことではない。

そういう意味では、絶対賛成できない意見でも言ってくる方がまだましというか、それが僕は民主主義なのだと思うのです。だから民主制が安全な制度かどうか、僕には全然自信はないです。でもその中できちんと向き合って議論していくのが大事であって、実はそのために本があるのだと思います。

今はネットでは無料でいろんな情報や意見が見られる、そして検索もできてとても便利といいますが、ネットでとれる情報にはいろいろなフィルターがかかっている。特にアクセスする人自身が無意識に、自分の関心で情報を切り出しています。本屋に勤めていなかったら、僕も世の中にこんなに嫌韓嫌中の本が出回っていて実際それが売れていることには気づかなかったかもしれない。

僕の店でヘイト本についてのフェアをやってクレームが来たという新聞記事を読んで、国際政治を専攻しているという大学生が訪ねてきました。彼女は「私は、こんなにヘイト本が出回っていて、実際に韓国や中国の人達を嫌ったり憎悪を持っている人がいるということは全く知りませんでした。大学図書館に行ってもそんな本はないし、私の身の回りにそんなことを言う人もいないし」というのです。

確かに大学の図書館にはないのかもしれないです。でも、街の本屋に行けばそんな本は氾濫しています。雑誌「ユリイカ」二〇一六年二月増刊の『出版の未来』の中で、評論家の齊藤貴男さんが「最近の書店は、嫌韓嫌中本ばかりだから行きたくない」という意味のことを書いていましたが、行かなきゃダメです。新刊書店に行って見回さなきゃダメです。自分の関心にだけ向き合って、欲しい本だけネット注文していたらわからないこと、気付かないことがいっぱいあるんです。

そういう意味では新刊書店は様々な情報や意見が書かれた本が行き交う場所、出会える場所です。また僕は、書店はそういう「言論のアリーナ」でありたいなあ、と思っているのです。これは利用者の要望にこたえるべき街の図書館にも通じる風景ではないでしょうか。でも、さきほど話したように、新刊書店と図書館と古書店で流れる時間は少しずつ違います。皆さん、僕もそうしていますが、ぜひ書店も図書館も両方を利用していただきたいと思います。

電子図書館のアポリア

今日は、紙の本を大事にして残そうという活動をしている会でのお話です。このことに関して、今は、「では電子書籍はどうなのだ？」ということは外せないと思います。最後に、図書館に非常に関わりのある「電子図書館」についての話を少しします。

僕の長年のライバルというか、論敵に湯浅俊彦さんがいます。もともとは旭屋書店外商部の書店員で、現在は立命館大学の先生をされています。彼とは決して仲が悪いわけではなくて、僕が『紙の本は、滅びない』を書いた後も、気軽に頼んで僕の店に来てもらって、あの本についての公開討論をしてもらいました。ずっと以前から親しいのですが、あらためて大学の先生になる人はえらいものだな、と思いました。彼は、あの本の内容をA３の紙の裏表に四枚くらい書き出して、その横にびっしり批判点を書いたプリントを用意してこられました。それを集まってくれた人全員に配ってからじっくり反論してくれました。僕はほとんどサンドバック状態で、ひどい目にあいました（笑）。

それはさておき、彼が言うには、学生に必要な本を読ませようと思ったら「電子図書館」の導入は不可欠だというのです。彼は大学ではメディア論を教えていますから、例えば、マクルーハンの『グーテンベルクの銀河系』（みすず書房　一九八六）をゼミ生全員に読ませたいと思う。しかし、税込み八一〇〇円もしますから、全員に買って読めとは言いにくい。大学図書館にも二冊程度は入れてもらっているが学生数からいえばとても足りない。京都中の公共図書館を見まわしても、それほど所蔵していない。学生に必要な本を読ませようと思ったら、早く「電子図書館」を導入して、一部分でもいいから読ませられることが必要だ。本を電子化して同時にたくさんの学生に配れる仕組みの導入は、必須なのだと彼は言います。それは技術的には既にできることだし、出版社の中にも理解を示し導入の仕方を検討している人がいるというのです。

読ませる側の教師の理屈としてはそうかもしれないです。しかし技術的には同時に大勢へ配信はできるといっても、具体的な個別の本については提供する側はそれを許していません。勝手にやったら出版社は怒るでしょう。図書館への配信でも「この本を同時に借りられるのは何人まで」という契約を結ぶ。そういう仕組みの中でしか、出版社ないし配信業者は配信していません。

確かに「電子図書館」は、誰でもいつでもどこからでもアクセスできるのが理想なのです。技術的にはもちろんそれはできる。しかしそれをしたら出版社が困る。まだ「紙の本」

なら、必要な複本を買ってもらえる。電子図書館をフリーアクセスにしたら、それに対していくら「課金」したらいいのか数字が出せない。だから商売のためには、というか出版物の再生産のためには、同時アクセスに人数制限をかける。つまり今の「電子図書館」はそもそも中途半端なのです。「電子図書館」ならばそれが可能だ、と言われたところに踏み込んでいけない。そういうアポリア（難問）が「電子図書館」にはある。つまり「電子図書館」は、今は出版社にとっては自己矛盾です。いいところとして語られていた可能性ですが、それをやったら出版社が成り立たなくなる、袋小路に入ってしまうところがあると思うのです。

それと、彼は教師として「学生にどんどん専門書を読ませたい」と言う。確か文部科学省の指針では大学生には四年間で二〇〇冊を読ませよう、というようなことだそうで、そのためには「電子図書館」はやむを得ないと彼は言う。そこで僕がひっかかったのは、二〇〇冊の読書とか、なぜ数の多さにこだわるのか。例えば、これは何を例に出していいのか迷いますが、「私は大学四年間をかけて『資本論』一冊しか読まなかった。ただし毎日毎日『資本論』を読んでいた」。これはどうでしょう。そういう学生はそれでよいのではないか。これは何も大学に限らない話なのですが、いろんな本をたくさん読んだからえらいのか。例えば『聖書』でもそうですが、「その一冊を徹底的に読んでいます」という読書ではだめなのか。このことはそんなに簡単に判断のつく話ではないでしょう。全員にたくさんの本を読ませよう・読ませなくてはいけない、というのも、一種の悪しき成果主義ではないかと思うのです。

トークイベントでは、湯浅さんにぼこぼこに批判されながら、そういうことを考えました。

終わりに——再生産が続くこと、書店に行くこと

最初に戻りますが、「紙の本」の擁護は、僕は決して出版業界や本屋の保身のために言っているつもりではないし、それではいけないと思うのです。

僕も本を書きますからそちらの面からもよくわかるのですが、本は単純に文章を書く人がいればつくることができるものではありません。時間をかけた編集者との丁寧な共同作業があって初めて完成原稿は成立し、書き手は著者になります。そして本の形に仕上げられて配

られ売られるためには、出版社も取次も書店も必要なのです。新しい本が読者に出会える仕組みが評価されなければなりません。

実際に経済原理の中で著者、編集者、書店員など本にかかわる人が対価を得られるような仕組みが大事です。人間が働いてその対価を得るという仕組みがなくなったら、その事業は何も進まなくなる。本の再生産も同じです。

書店が減れば、書店で働く人が減ります。書店員は本が好きだから自分で本も買うし読んでいる人も多いです。書店員はその結果、お店に来てくれるお客さんに対して、図書館の司書のような、本の案内もできるようになります。書店そして書店員が減れば、読者は様々な本に出合う場がなくなってしまうと思います。「意識化できていない部分」についての話もしました。ネット通販のピンポイントの注文だけでは本の売れ行きは落ちてしまう。多様な本の世界が縮小します。

僕は『電子書籍の衝撃』（佐々木俊尚　ディスカヴァー・トゥエンティワン　二〇一〇）が出た時、それに対する反撃をしないといけないと思いました。あの本は、「今までは本が読みたければ本屋に行かなければならなかった。ネット通販ができるようになっても注文して届くまでは待たねばならない。これから電子書籍になれば、注文すればほしい本はすぐさま配信されて手に入るようになるから素晴らしい」という。

まるで書店があること、書店に行くことが、必要悪であるかのように書いてある。それには反論しなければならないと思いました。書店があること、書店に行くこと自体に価値がある。前の方でもお話ししましたが、書店に行くから思いがけない関連書にも、知らない本にも出会えるのです。それを楽しみにしてください。

そして紙の本は不自由であるがゆえに、読む者にさまざまに〝発酵〟の時間を確保してくれます。そのことはすごく大事なことなのだと思うのです。

話が多方面に渡りましたが、これで終わりにさせていただきます。ありがとうございました。

（注）「図書館の自由」とは

「図書館の自由に関する宣言（抜粋）」

日本図書館協会決議

図書館は、基本的人権のひとつとして知る権利をもつ国民に、資料と施設を提供することを最も重要な任務とする。

この任務を果たすため、図書館は次のことを確認し実践する。

第１　図書館は資料収集の自由を有する
第２　図書館は資料提供の自由を有する
第３　図書館は利用者の秘密を守る
第４　図書館はすべての検閲に反対する

図書館の自由が侵されるとき、われわれは団結して、あくまで自由を守る

「図書館の自由に関する宣言」は、図書館が国民の知る自由を保障する機関としての機能を全うするため、資料収集の自由、資料提供の自由、利用者の秘密の厳守、検閲の反対について述べた宣言であり、図書館界から国民に対して発した決意表明である。
日本図書館協会が主催する全国図書館大会で、1959年に初めて採択された。1979年の全国図書館大会で「1979年改訂版」が承認され、現在に至っている。

「宣言」は主文と、間にはさみこまれた副文とから成っているが、ここには主文のみを掲載した。

（参照：http:www.//jla.or.jp/library/guideline/tabid/232/Default.aspx）

福嶋　聡（ふくしま　あきら）

略歴　１９５９年生まれ。京都大学卒。
１９８２年　(株)ジュンク堂書店入社。神戸サンパル店、京都店、仙台店、池袋本店、大阪本店を経て、２００９年７月より難波店店長。
日本出版学会会員

著書『書店人のしごと』三一書房
『書店人のこころ』三一書房
『劇場としての書店』新評論
『希望の書店論』人文書院
『紙の本は、滅びない』ポプラ社
『書店と民主主義』人文書院　　他

書物の時間─書店店長の想いと行動─
（多摩デポブックレット　11）

2017年８月15日第１刷発行

著　者　福嶋　聡
発　行　特定非営利活動法人　共同保存図書館・多摩
理事長　座間　直壯
http://www.tamadepo.org
発　売　株式会社けやき出版
http://www.keyaki-s.co.jp
東京都立川市柴崎町３－９－６　高野ビル１F
TEL 042-525-9909
印　刷　株式会社 アトミ

ISBN978-4-87751-574-4 C0037